AF279091

ORAISON FUNÈBRE

DE

M. BERNARD TAILHAND

ANCIEN CURÉ DE VESSEAUX

Prononcée le 17 Octobre 1865

PAR

L'ABBÉ SAUNIER

CURÉ-ARCHIPRÊTRE DE ST-PIERREVILLE

LARGENTIÈRE

IMPRIMERIE TYPOGRAPHIQUE DE H. GROBON, LIBRAIRE.

LARGENTIÈRE, IMPRIMERIE DE H. GROBON, LIBRAIRE.

ORAISON FUNÈBRE

DE

M. Bernard Tailhand

ANCIEN CURÉ DE VESSEAUX

PAR

L'ABBÉ SAUNIER

CURÉ-ARCHIPRÊTRE DE ST-PIERREVILLE

> *Ossa ipsius visitata sunt et post mortem prophetaverunt.*
> Ses ossements ont été honorés, et il a prêché après sa mort.
> (ECCLI. 49. 18.)

Gloire à Dieu! M. F., il est admirable de justice, d'attentions délicates envers ceux qui l'ont aimé. Dès ici-bas, il les distingue, il les marque d'un signe d'honneur, il les venge au besoin dans l'intérêt de sa gloire et pour l'encouragement des faibles. Ce redressement commence au moins à la tombe. Ainsi, tandis que la gloire du méchant pèse comme une honte sur la conscience publique et tombe insensiblement dans l'oubli, celle du juste, comme un germe fécond, s'enracine, se propage, grandit, et au fond des consciences les plus dévoyées on surprend ce cri vengeur : c'était une belle âme, c'était un saint. Quelquefois même ce n'est pas assez pour la conscience publique, surtout pour la reconnaissance chrétienne, de cette tardive justification en faveur de ceux qui ont laissé des souvenirs honorables, des traces profondes de leur passage béni parmi les hommes; elle veut, Dieu le permet, que leur tombeau devienne glorieux, et que leur dépouille mortelle repose honorée au milieu des marques du respect universel. N'est-ce pas ce que nous voyons aujourd'hui en faveur de M. Bernard Tailhand, qui fut pendant longtemps votre pasteur et le guide de vos âmes. Dieu soit béni! les nobles pensées trouvent encore des champions; je suis fier de ce qui se fait dans mon pays, que j'aime comme on aime son berceau. Déjà je m'y étais associé de cœur et d'âme; mais je suis heureux de pouvoir le dire devant cette vénérable assemblée et de faire arriver à qui de droit les accents de la reconnaissance publique.

Nous pourrions parler ici longuement de la famille Tailhand, de son ancienneté sous le même nom et dans le même manoir, de l'excellence de ses traditions, des hommes honorables qu'elle a donnés à la robe [1] et à l'épée, [2] de ses nobles alliances [3] et de la considération inaltérée dont elle a toujours joui au milieu de ses concitoyens; nous pourrions aussi évoquer les souvenirs si purs qu'a laissés dans les divers emplois que la providence lui avait confiés celui qui est l'objet de ce discours; mais nous avons tous connu sa modestie, son humble impassibilité devant les mérites de sa maison et les soins qu'il prenait pour faire oublier ses travaux dans l'enseignement [4], et ses œuvres littéraires [5] qui l'ont le plus honoré. Prenons garde! son ombre importunée pourrait s'en plaindre. Nous nous contenterons donc, en nous inspirant de ses goûts personnels, de le considérer comme pasteur des âmes, et nous verrons, si je ne suis pas trop inférieur à ma tâche, qu'il est digne des honneurs que nous lui rendons, et que sa vie tout entière est un précieux enseignement: *Ossa ipsius visitata sunt et post mortem prophetaverunt.*

I. — Singulière destinée que celle d'un prêtre selon le cœur de Dieu! Si l'on étudie le mobile qui le pousse, sa vie et ses œuvres, on est profondément étonné de rencontrer entre cette existence et celle du reste des hommes des contrastes si frappants. Nous voyons bien, çà et là, dans les régions mondaines, des hommes hardis, entreprenants, qui abandonnent leur pays, leur famille, leurs amis et tout ce qu'ils ont de plus cher; mais à quelle fin? c'est un homme de négoce, un industriel, un savant, un guerrier, qui courent après la fortune, la réputation, les honneurs, la gloire. Hélas! les nombreuses

---

(1) M. Magloire, son frère aîné, est mort juge de paix de Montpezat.

(2) M. Ferdinand, son frère cadet, chef de bataillon en retraite à Metz, a rempli pendant 11 ans les fonctions de commissaire du gouvernement près le premier conseil de guerre de la division militaire de cette ville.

(3) Sa grand'mère était une Flandrin de Pourcheyrolles, et l'une des dernières descendantes de la famille des cardinaux de ce nom. (*Notices généal. par M. H. Deydier.*)

(4) Jeune encore il fut quelque temps supérieur du petit séminaire de Bourg-Saint-Andéol.

(5) Il est l'auteur de l'*Histoire Philosophique de la Bienfaisance.*

épaves de l'ambition humaine nous disent que dans ces carriè-
res aussi il y a peu d'élus. Mais on les tente, on affronte leurs dangers pour un peu de fumée. Il n'en est pas ainsi du prêtre, du
pasteur des âmes; il ne recherche, il ne s'attache à rien de ce
qui est fragile.

Le prêtre, lui aussi, abandonne bien son pays, ses parents,
ses amis; mais que veut-il, que se propose-t-il? son évêque lui
a dit, en lui montrant une paroisse, voilà une vigne à cultiver,
je vous la confie. C'est assez. Le bon prêtre part, il arrive, et le
voilà abrité sous un modeste toit à côté de la maison de Dieu.
Que va-t-il faire? Est-ce le souci de ses affaires terrestres qui le
préoccupe? Ne le croyez pas.

Cet homme n'est pas connu dans le pays qui l'adopte, il n'y
connaît personne, et cependant il est plein de sollicitude, son âme
se tient éveillée, son cœur écoute, son œil s'est ouvert avec
anxiété pour découvrir les dangers qui menacent les intérêts qu'il
vient protéger, pour savoir où il portera ses premiers coups.
L'expérience est faite: ici, il a deviné des âmes fourvoyées qui
vont misérablement à leur ruine; là, son cœur a entendu le cri
de la douleur, les gémissements de la souffrance, les plaintes de
la pauvreté; ici, c'est la gloire de la maison de Dieu qui réclame
ses soins; là, enfin, ce sont les petits enfants qui n'ont pas
suffisamment le pain, le vrai pain de l'instruction religieuse,
voilà d'immenses soucis.

Mais qu'est-ce donc que cet homme qui vient ainsi mettre son
esprit à la torture, soumettre son corps aux labeurs du jour et
aux veilles de la nuit pour des inconnus qui ne doivent lui ap-
porter, en retour de tant de soins et de fatigues, ni la graisse
de la terre, ni les fruits de la rosée du ciel, ni le produit de
leur industrie et de leur négoce? C'est simplement un prêtre,
un bon prêtre. Il ne connaît pas encore ceux qui lui sont confiés;
mais l'évêque lui a dit qu'ils sont désormais ses enfants, sa
famille; qu'il est chargé du soin de leurs âmes et des intérêts
de la gloire de Dieu. Quel plus noble dessein! Il l'accepte. C'est
pour cela que la sollicitude la plus active s'est emparée de son
âme, de son cœur, et qu'il s'est livré avec tant de zèle à l'étude
des besoins spirituels de son troupeau; c'est pour cela qu'il s'oublie
lui-même comme un homme qui n'a plus de besoins sur la terre.
Prêtres du seigneur, saints prêtres, votre désintéressement mis
en regard de la cupidité effrénée du siècle fait dire au monde
que vous ignorez la vie, et vos préoccupations habituelles dé-
routent tous ses calculs. Tant mieux sainte originalité,
bienheureux contrastes qui vous permettent d'être le sel de la

terre et la lumière du monde! On n'est un saint qu'à la condition d'être un original.

Mais voici, M. F., le bon prêtre en face du sombre et désolant tableau des besoins spirituels de son peuple. Son âme inquiète, pliant sous le fardeau, va-t-elle s'ensevelir sous une douloureuse inaction! Ah! vous ignoreriez radicalement ce que c'est qu'un cœur de bon prêtre! Jamais il ne dira: c'est impossible; il a peu ou point de ressources matérielles, mais il a des moyens infinis dans la prière, dans l'assistance divine, dans les appels de la charité, pour réaliser ses vœux les plus chers. Mais je fais de l'histoire! Voyez plutôt, voyez, M. F., ce qui s'est passé dans cette paroisse depuis l'arrivée du vénérable pasteur que nous pleurons, jusqu'à ses derniers moments. Les pauvres et les ignorants ont été évangélisés; les justes ont été soutenus dans les pénibles sentiers de la justice; les pécheurs ont été vigoureuse-ment avertis, sollicités, convertis par les mille industries de la piété, de la science et du zèle pastoral; la maison de Dieu, votre maison de prières a été restaurée, complétée, embellie, ornée jusqu'aux limites du possible; les enfants, tous les enfants, riches et pauvres, n'ont qu'à tendre la main pour recevoir abondamment le bienfait de l'instruction dans les exellentes écoles qu'il a encouragées ou fondées; les gémissements des pauvres, des malheureux, des affligés, ont été entendus et leurs besoins satisfaits. Je ne puis qu'indiquer en courant les œuvres d'une vie si pleine.

Cependant, puisque nous parlons des pauvres, c'est bien ici que ma voix est sûre de rencontrer dans vos souvenirs et au fond de vos consciences l'écho le plus sympathique. Permettez-moi donc d'insister un instant sur un point qui, vous le savez mieux que moi, frères bien-aimés, a fait la grande préoccupation du cher défunt qui nous réunit autour de sa précieuse dépouille.

Je ne crains pas de le dire, M. F., puisque vous l'avez dit avant moi, le soulagement des pauvres était la passion de notre charitable pasteur; c'était sa vie, ses plaisirs, ses délassements, ses jouissances les plus délicieuses. Ah! que son pain aurait été amer si, en commençant son frugal repas, on lui avait dit qu'un pauvre de la paroisse n'avait pas de pain. Ce serait aux pauvres à nous en dire davantage sur ce point; ce sont eux qui pourraient nous raconter ces visites mystérieuses dans lesquelles le charita-ble pasteur laissait une partie de ses vêtements et son dernier sou. Ah! si l'Esprit-Saint appelle bienheureux les pieds de l'apôtre, que dirons-nous du pasteur qui ne craint pas d'interrompre son sommeil, de s'exposer aux rigueurs du temps, pour aller fouiller dans les réduits de la misère et y porter tout à la fois la parole qui éclaire et console, et le pain qui soulage. O pasteur, ceint de la double couronne de l'amour de Dieu et de l'amour du prochain, vous avez accompli toute la loi.

Mais, M. F., sur quoi reposait cet immense sentiment de compassion de notre bien-aimé pasteur pour toutes les infortunes, pour toutes les misères de l'humanité? Pour les âmes vulgaires, l'aumône et ses plaisirs peuvent être à la fois un but et un salaire; mais les âmes fortement trempées dans la sève évangélique s'inspirent de principes, de sentiments plus élevés; elles les puisent dans le cœur du Dieu qui se nomme *Charité*. Et c'est ainsi que notre bienfaisant pasteur nourrissait son amour pour les pauvres.

Il avait médité, et il redisait avec délices, ces passages de nos livres saints où le soin des pauvres nous est donné comme la meilleure garantie de bonheur en cette vie et en l'autre: « Heureux, disait-il, à tout propos, heureux l'homme qui « prend souci du pauvre et de l'indigent, le seigneur le « délivrera *au jour mauvais*; » *Beatus qui intellegit super egenum et pauperem, in die malâ liberabit eum dominus.* « Voyez, ajoutait-il, voyez les attentions délicates de la Divine « Providence envers ceux qui ont donné leurs soins aux pauvres; « elle leur promet de venir *remuer* de sa main leur couche « douloureuse dans leurs infirmités: » *Universum stratum ejus versasti in infirmitate ejus.* Oh! ceux qui connaissent les soins pieux qui ont entouré notre bien-aimé pasteur pendant sa dernière maladie, n'auront pas de peine à constater en sa faveur l'accomplissement de cette touchante promesse. C'était une précieuse faveur pour nos religieuses, ces bons anges de la terre, d'être admises autour de son lit de douleur afin de lui adoucir, autant que possible, les dernières angoisses de la vie. Le charitable pasteur disait encore avec un sentiment tout céleste d'espérance. « Je regarde l'aumône comme le gage le plus cer- « tain, le plus authentique de la prédestination au bonheur du « ciel; que dira N. S. J.-C. aux élus, en leur ouvrant les portes « éternelles? Venez, les bénis de mon père, je vous reçois dans « mon paradis, car j'ai eu faim et vous m'avez donné à manger; « j'ai eu soif et vous m'avez donné à boire; j'ai été nu et « vous m'avez habillé; j'ai été affligé et vous m'avez visité, « consolé. » Il voyait donc, cet homme de foi si accoutumé à réfléchir, il voyait pratiquement, dans la personne des pauvres; la personne adorable même de N. S. J.-C., et c'est dans ce foyer divin qu'il alimentait la flamme de sa charité exemplaire.

Comprenez-vous, maintenant, M. F., pourquoi nous avons remué les cendres de ce vénérable prêtre, et pourquoi nous les honorons en ce jour. Ah! je lis dans vos regards et dans votre maintien que je ne suis que l'écho affaibli de votre reconnaissance et l'interprète de vos respects.

II. — Toutefois, M. F., cette imposante solennité, quelque glorieuse qu'elle soit pour celui qui en est l'objet, ne porterait pas tous ses fruits, n'atteindrait pas la dernière fin que nous nous sommes tous proposée, si nous n'y trouvions pas un profit pour notre piété. Nous avons donc à nous instruire, à devenir meilleurs, en écoutant avec docilité les avertissements salutaires que notre ancien pasteur nous envoie de par delà la tombe, soit par le souvenir de ses enseignements et de sa vie, soit par les manifestations qu'il provoque après sa mort.

Sans doute, la vie des saints, le récit de leurs belles actions, le spectacle de leurs vertus, font sur toutes les âmes une bien salutaire impression et provoquent de consolants retours vers Dieu; mais les magnifiques tombeaux que la piété des fidèles élève à leur gloire, mais la vertu mystérieuse qui travaille autour de leurs cendres vénérées, mais les prodiges éclatants qui viennent souvent couronner la confiance des fidèles, ne sont pas moins propres, l'expérience le prouve, à impressionner chrétiennement les âmes, à leur donner une puissante impulsion vers le bien. L'histoire de saint Régis nous édifie; mais l'aspect de son tombeau a pu nous faire tressaillir, nous émouvoir jusqu'aux larmes, nous couvrir d'une salutaire confusion à la vue de nos fautes, ou de la tiédeur de notre vertu. De son vivant, le vénérable curé d'Ars a consolé, éclairé, converti une infinité d'âmes; d'innombrables fidèles lui devront leur salut; mais compterez-vous le nombre des pécheurs qui se convertissent, qui se convertiront, le nombre des justes qui trouveront le courage de la persévérance autour de son tombeau vénéré. Ah! comme disent nos livres saints, les ossements des justes refleurissent dans leurs sépulcres pour porter des fruits abondants et immortels, en faveur de ceux qui honorent leurs restes sacrés: *Ossa eorum pullulent de loco suo.*

Hé quoi! M. F., en laissant chacun à sa place, et mesurant notre langage selon la prudence de l'église en pareille matière, nous sera-t-il difficile d'entendre la voie bénie de notre ancien et bien-aimé pasteur ; ouvrons seulement les yeux, et la lumière nous viendra en abondance.

Ce sanctuaire embelli, ces autels renouvelés, cette chaire monumentale, ce pavé, ces tribunes, ces murs refaits, enfin cet air de décence, de propreté, de grandeur. qui règne dans la maison de Dieu, ne nous disent-ils pas mieux que mille discours ce qu'il convient toujours de faire pour honorer dignement l'auguste sacrement de nos autels, le Dieu trois fois saint qui veut bien résider, anéanti, dans nos saints tabernacles? Dans des siècles on dira encore: ici, il y eut un prêtre que dévorait le zèle de la maison de Dieu; et le zèle de la maison de Dieu vivra dans ses successeurs et dans le cœur des générations futures: *Ossa eorum pullulent de loco suo.*

Votre vénéré pasteur avait profondément médité une des plus fécondes paroles de nos livres saints, celle qui a posé la loi de la prédication évangélique, et qui a changé la face du monde: *ite docete omnes gentes*: allez, enseignez toutes les nations. Aussi il en fit la règle universelle de sa parole: jamais de ces conversations vides, creuses, triviales; mais au contraire, toujours de ces causeries instructives, édifiantes, sous les formes les plus variées, les plus attrayantes.

Mais il savait que sa voix s'éteindrait un jour, et c'est pour cela qu'il a voulu laisser après lui des voix qui parleraient toujours son langage ; et voilà l'origine de cette précieuse école de *frères* que vous avez le bonheur de posséder, et qui lui a coûté tant de soucis et de sacrifices. Reposez en paix, bien-aimé pasteur, votre œuvre se continuera! Des instituteurs, des institutrices, animés de votre esprit, dirigés par les dignes prêtres qui auront recueilli votre héritage, répandront toujours sur ces enfants que vous avez tant aimés, la lumière qui fait germer, qui nourrit les grandes vertus et qui fait les saints.

Et vous, pauvres de la paroisse, n'êtes-vous pas encore comme une prédication vivante de celui qui fut votre providence! Vous nous montreriez encore peut-être les vêtements dont sa charité couvrit votre indigence. Toutefois le temps détruira les témoignages nombreux de sa bienfaisance; mais ce qu'il ne détruira pas, ce qui vivra longtemps dans vos souvenirs, c'est le sentiment de votre reconnaisance, et le précepte de l'aumône profondément enraciné dans les mœurs de cette paroisse. Il parlera donc encore après sa mort: *defuntus adhuc loquitur.*

Nous conviendrons, **M. F.**, que l'attachement déréglé aux

biens de la vie présente, et la recherche des jouissances sensuelles, sont les deux grandes plaies de notre temps et les plus poignantes douleurs de la Sainte Eglise, notre mère. Comment nous arracher à cette contagion funeste? Certes, rien de plus propre à amener ce précieux résultat que l'exemple de nos modèles. A ce compte nous pouvons, en toute confiance, jeter les yeux sur notre ancien pasteur. Qui mieux que lui sût se mettre en garde contre les séductions de l'or et l'amour exagéré du bien-être? Ah, il pratiquait à la lettre ce qu'il enseignait sans cesse; heureux, disait-il, l'homme qui ne s'incline pas devant le veau d'or, et qui ne met pas ses espérances dans l'argent : *beatus vir qui post aurum non abiit, nec speravit in pecuniâ.* Aussi, l'argent ne fut pour lui qu'un moyen, jamais un but; si bien qu'après ses dépenses plus que modestes et les besoins de son hospitalité toute sacerdotale, son modique superflu allait toujours soulager une misère ou embellir la maison de Dieu. Qu'il est sage, celui qui est riche dans la médiocrité ! N'avez-vous pas versé une larme douce comme un parfum du ciel en apprenant que, quelques instants avant de rendre sa belle âme à Dieu, ce pauvre de J.-C. fit porter au plus nécessiteux de sa paroisse tout le peu d'argent qui lui restait et qui avait comme échappé aux attentions de sa bienfaisance. Quel beau testament ! Se voyant près de quitter ce monde de misère, à l'exemple des saints anachorètes, il brisait ce dernier lien pour être plus libre dans son essor vers les demeures éternelles: *Ut vastum mare transeant, prudentes onus exuunt.*

Que ne pourrais-je pas dire de la sévérité de ses mœurs éminemment sacerdotales, de la gravité de son maintien, de son esprit de foi, de sa confiance en Dieu, à la prière, de son amour pour l'église et son auguste chef. Nous nous en souvenons, sa vie tout entière était une prédication vivante, à la portée de tous, et un soin continuel de faire son trésor pour le ciel.

Après une telle vie, croyez-le bien, frères bien-aimés, la mort est facile et digne d'envie. Avez-vous vu mourir un bon prêtre, une fervente religieuse? Avez-vous vu leur patience, leur résignation, leur calme tout céleste au milieu des plus atroces douleurs? Avez-vous estimé le rayon d'espérance qui brille dans leur regard, les soupirs de confiance et d'amour que leurs lèvres murmurent; cet ensemble de surnaturel, de divin, qui se peint dans tous leurs traits et qui veut dire: qui me donnera des ailes, comme à la colombe, et je m'envolerai vers le ciel, et je me reposerai éternellement dans le sein de mon Dieu ! Telle fut la mort de notre vénéré pasteur et la sublime leçon qu'il nous a léguée.

Mais tout à l'heure ces précieuses dépouilles vont aller au lieu de leur repos, à ce magnifique caveau que la piété et la reconnaissance lui ont préparé avec tant de générosité. Ah ! c'est bien de là que nous viendront, si nous voulons prêter l'oreille, les plus graves enseignements.

Ecoutez, nous dira cette voix que nous avons entendue comme un oracle, écoutez; n'oubliez pas que vous n'êtes que des passagers dans cette vallée de larmes, et que, comme moi, un jour vous aurez à paraître devant le souverain juge des vivants et des morts; n'attendez pas le dernier moment pour vous le rendre favorable.

Vous m'avez élevé un magnifique mausolée; mais ne vous y trompez pas, ce n'en est pas moins un sépulcre, la froide demeure de la mort, et il ne me reste que cela : *Et solum mihi superest sepulchrum.*

Si dans la suite des âges, vous veniez encore remuer ma cendre, vous reculeriez d'horreur en ne trouvant à ma place qu'une froide et dégouttante poignée de poussière. Prenez garde, vous deviendrez ce que je suis, ce que je serai moi-même! Pourquoi donc vous torturer pour des biens périssables, pour étendre vos domaines, pour enfler vos trésors?

Vous avez honoré mes restes; vous n'oublierez donc pas vos chers défunts; vous leur donnerez donc une plus large part dans la prière du foyer et au saint sacrifice.

Vous viendrez lire et méditer ces consolantes paroles que vous avez tracées sur votre monument funèbre : *A Notre-Dame du Suffrage*, et vous saurez que la toute bonne Marie est la première avocate des âmes qui souffrent dans le purgatoire.

Vous viendrez lire ces autres paroles si pleines d'enseignement: *Le repos des pasteurs*, et vous apprendrez que vos pasteurs ne peuvent songer au repos que dans la tombe, et que vous tous, qui que vous soyez, devez accepter patiemment le travail, les fatigues, les combats, les épreuves, parce que c'est votre loi et le seul moyen de les rendre méritoires pour la vie à venir. Tels seront les enseignements qui nous viendront de la demeure des morts; et si nous sommes dociles à leurs funèbres échos, il sera vrai de dire à notre profit: les ossements des justes refleurissent

dans leurs tombeaux pour communiquer aux vivants leur mystérieuse vertu : *Ossa eorum pullulent de loco suo.*

Et maintenant, adieu, cher pasteur, adieu jusqu'au jour
des suprêmes manifestations qui révèleront votre gloire. Puissent
le souvenir de vos exemples et le parfum de vos vertus nous
fixer sans retour sur les traces de votre vie; par là, nous nous
donnerons, sous vos auspices, des gages mutuels de notre rencontre dans le sein de Dieu. *Amen.*

Ce discours a été prononcé le 17 octobre 1865, à l'occasion de la translation
des restes de M. Tailhand dans le caveau de la Chapelle de Notre-Dame-du-
Suffrage, élevée par les soins de M. l'abbé Barrat et des religieuses de Vesseaux,
au cimetière de cette paroisse.

Il n'a été livré à l'impression qu'à la suite de demandes réitérées de plusieurs
membres de la famille Tailhand.

Largentière, Typographie de H. Grobon.

PRÉFACE.

Voici bientôt soixante ans que les Français travaillent à la réforme et à la reconstitution du Gouvernement de leur pays. Après avoir renversé l'ancienne Monarchie, ils adoptèrent le Gouvernement républicain pur. Mais les résistances que rencontra l'établissement de ce système donnèrent lieu à des réactions violentes ; des désordres, des crimes horribles s'en suivirent, et la République devenue justement odieuse à la majorité de la nation, fit place à un autre système, le despotisme impérial, plus régulier, mais non moins violent à d'autres égards..... Ce Gouvernement périt à son tour par ses excès.

Vint après, la restauration, à la suite d'une invasion étrangère ; avec elle, les idées d'un Gouvernement populaire que la tyrannie impériale avait en quelque sorte refoulées dans le néant depuis quatorze ans, se réveillèrent et se firent jour dans le Gouvernement représentatif de Louis XVIII. Seize ans plus tard, la révolution de Juillet vint apprendre à l'univers étonné combien grands étaient les progrès que la nation française avait faits dans son éducation politique, combien elle avait gagné en sagesse, prudence, équité, humanité.

La Révolution de 1848, qui s'est faite comme par enchantement, est venue démontrer encore que les dix-sept années du règne de Louis-Philippe ont fait faire un grand pas de plus aux idées de liberté et d'égalité : puisque le Gouvernement républicain a pu s'établir, au grand contentement de tout le monde, sans opposition dangereuse, presque sans troubles, sans violence..... à tel point que si les pavés de Paris étaient remis à leur place, on ne se douterait nullement que cette grande capitale vient de faire et de subir une révolution qui aura du retentissement dans toutes les parties du monde.

Ce qui nous prouve suffisamment que le peuple français est enfin mûr pour ce système de Gouvernement, qu'il travaille à se donner depuis plus d'un demi-siècle.

CATÉCHISME POLITIQUE

DU PEUPLE

EXAMEN CRITIQUE ET RAISONNÉ

DU

GOUVERNEMENT RÉPUBLICAIN

SES DÉFAUTS, — SES AVANTAGES, — SA MORALITÉ, — SA STABILITÉ, —
SA DURÉE, — S'IL EST FAVORABLE AUX SCIENCES ET AUX ARTS,
— IL EST ESSENTIELLEMENT PRODUCTEUR, — INDUSTRIEL,
— COMMERÇANT, — ETC., — ETC. . . —

DISSERTATION SUR L'ORGANISATION

QU'IL CONVIENDRAIT DE DONNER AU NOUVEAU GOUVERNEMENT.

DEUXIÈME PARTIE.

CATÉCHISME DE L'ÉLECTEUR,

SES DROITS, SES DEVOIRS, ETC...

30 CENTIMES LE NUMÉRO.

CHEZ TOUS LES LIBRAIRES.

PARIS.
POLLET, IMPRIMEUR, PASSAGE DU CAIRE, 86.
1848.

Maintenant que tout le monde parle politique, plus que jamais nous avons pensé qu'il serait à propos de donner au public un petit ouvrage dans lequel il trouverait, sous forme de Catéchisme ou d'instruction dialoguée, l'explication de ce qu'il doit entendre par les mots *Gouvernement*, *Monarchie*, *Aristocratie*, *Démocratie*, *République*, *Oligarchie*, *Ochlocratie*.....

Après avoir donné une idée de ces divers systèmes de Gouvernement et en avoir exposé succinctement les avantages et les défauts, nous traitons plus spécialement du Gouvernement républicain, nous démontrons qu'il est susceptible d'un très grand nombre de modifications, qu'il est sujet à des inconvénients graves, et nous donnons les raisons pour lesquelles il n'a pas été jusqu'ici aussi généralement adopté que celui dit *Monarchique*.

Puis, reprenant la discussion d'un point plus élevé, nous définissons les mots *Peuple, Nation*... et nous faisons voir que ces agglomérations d'hommes sont comme les individus ou plutôt comme les races, susceptibles de perfectionnements indéfinis, et de plus, que le genre humain tout entier obéit à cette loi; de là, nous tirons la conséquence que les temps sont venus pour notre patrie de pouvoir se donner le Gouvernement républicain pur, avec confiance et sans danger.

Suit une dissertation raisonnée sur l'organisation qu'il conviendra de donner au nouveau Gouvernement.

Terminons cette courte préface, en priant nos lecteurs de vouloir bien suspendre leur jugement jusqu'à ce qu'ils aient lu tout l'ouvrage; alors seulement ils seront en état d'en apprécier le mérite, les défauts, le but et les intentions.

Le Cathéchisme politique sera suivi d'une instruction à l'usage des électeurs, sous le titre de Catéchisme des Électeurs, dans lequel ils trouveront l'exposition de leurs droits, de leurs devoirs... et généralement tout ce qu'ils doivent savoir pour donner leur voix à qui la mérite, en toute connaissance de cause.

Jules PICHERY.

Paris, Dimanche 5 Mars 1848.

CHAPITRE 1ᵉʳ.

DES GOUVERNEMENTS.

D. Qu'est-ce qu'un Gouvernement?

R. C'est un système de lois, de réglements, de conventions, que des hommes vivant en société, se sont imposé, ont adopté ou subi comme règle de leur conduite publique...

D. Combien comptez-vous d'espèces de Gouvernements?

R. Il serait bien difficile, pour ne pas dire impossible, d'en déterminer le nombre, et surtout de bien caractériser le mode d'action de chacun d'eux.

Quoi qu'il en soit, voici les dénominations par lesquelles on distingue ceux qui ont été adoptés par les peuples qui se sont succédé sur la terre depuis les temps les plus anciens jusqu'à nos jours.

La MONARCHIE, ou le Gouvernement d'un seul.

Parmi les Monarchies on distingue celles dont le Gouvernement est *absolu* ou *despotique*, *tempéré*, *représentatif*.

L'ARISTOCRATIE, ou le Gouvernement des nobles ou littéralement des *vertueux par excellence*;

La DÉMOCRATIE, Gouvernement du peuple par lui-même;

La RÉPUBLIQUE, ce système est le même que celui de la Démocratie;

L'OLIGARCHIE, ou le Gouvernement du petit nombre;

L'OCHLOCRATIE, Gouvernement du bas peuple ou de la populace;

Le mot ANARCHIE signifie absence de tout Gouvernement.

D. Quel serait celui de tous ces Gouvernements auquel vous donneriez la préférence?

R. Au Gouvernement Monarchique, s'il était possible qu'il se rencontrât une suite de princes, tous hommes éclairés, d'un caractère ferme, humain, aimant passionnément la justice, la rendant et la faisant rendre scrupuleusement à qui de droit.

D. Le Gouvernement Monarchique, dans le sens absolu du mot, n'étant pas possible, suivant vous, n'a-t-on pas cherché à le rendre praticable au moyen de certaines modifications?

R. Oui : tantôt en faisant participer à l'autorité du monarque une classe privilégiée de citoyens (les nobles), tantôt en lui adjoignant un corps d'hommes expérimentés que dans les temps modernes on appelle *Conseil d'État...* En donnant plus d'extension à ce dernier système on est arrivé à ce qu'on appelle le *Gouvernement Représentatif* ou celui dans lequel l'action gouvernementale du prince ou de ses ministres est modérée, soutenue, approuvée ou désapprouvée par une assemblée de délégués du peuple, élus librement par lui à des époques déterminées.

D. Citez-nous en peu de mots des exemples d'applications qui ont été faites des divers Gouvernements que vous avez énumérés plus haut.

R. Le Gouvernement d'un seul plus ou moins absolu a obtenu généralement la préférence à toutes les époques de l'histoire. Nestor dans l'*Iliade*, dit aux Grecs :

Il n'est pas bon qu'il y ait plusieurs gouverneurs, il n'en faut qu'un, un roi (1).

L'*Aristocratie* domina autrefois chez les Spartiates, les Romains, et dans les temps modernes chez les Polonais, les Vénitiens, les Autrichiens... L'*Oligarchie* était le Gou-

____

(1) Ouk agathon polukoiranie eis koiranos esto,
   Eis basileus.

vernement de l'ancienne République de Venise ; l'*Ochlo-cratie* exerce son empire aux Etats-Unis de l'Amérique du Nord.

Le Gouvernement Républicain ou Démocratique n'a jamais existé nulle part dans toute sa pureté ; il est toujours mêlé d'aristocratie comme dans Rome ancienne, ou d'anarchie, d'ochlocratie, comme en France, de 1792 à 1800.

D. En somme quel est le meilleur ou le moins mauvais de ces divers systèmes de Gouvernement?

R. Celui qui participe plus ou moins de chacun des autres.

D. En a-t-on vu des applications?

R. Oui, en Angleterre, par exemple, où l'aristocratie est représentée par la Chambre des Pairs, la Démocratie dans celle des communes, la Monarchie par le roi, l'Oligarchie par ses conseillers, ses ministres, les grands officiers de la couronne, l'Ochlocratie par ces nombreuses assemblées de peuple, qui de temps à autre se forment pour signer des pétitions, procéder à des élections.... et surtout par la liberté de la presse.

Et pour tout dire en un mot, c'est le Gouvernement *Représentatif.*

D. En quoi les partisans de ce système de Gouvernement font-ils consister ses avantages ?

R. 1° Dans l'hérédité de la couronne, dans une même famille : d'où vient que la mort même du roi n'occasionne aucune perturbation dangereuse, dans l'exercice de l'autorité souveraine de son successeur.

2° Dans la Chambre des Pairs, composée d'hommes de savoir et d'expérience , on doit du moins, toujours le présumer, qui, par leur fortune, leur position élevée, impriment à la nation des sentiments de grandeur, de dignité, de politesse exquise, qu'on ne rencontre pas ordinairement dans les classes inférieures de la Société.

3° Dans l'assemblée des mandataires du peuple qui, voyant et pouvant apprécier par eux-mêmes quels sont ses besoins, en quoi consistent ses ressources... apportent sans cesse des lumières nouvelles et au besoin prêtent leur appui aux ministres du souverain.

4° Dans la liberté de la presse qui facilite au plus humble des citoyens le moyen d'apprendre à l'Univers entier les injustices dont il peut avoir à se plaindre.....

CHAPITRE II.

GOUVERNEMENT RÉPUBLICAIN.

D. Que signifie le mot *République*?

R. Cette expression est composée de deux mots latins : *res* chose, et *publica* publique. Le Gouvernement Républicain est donc celui qui a spécialement pour objet les intérêts de tous les citoyens ou *la chose publique*.

Cette définition pourrait s'appliquer, rigoureusement parlant, à toutes les autres espèces de Gouvernement, car tous, quelle que soit leur forme, ont ou doivent avoir pour objet l'administration et la prospérité de la *chose publique*.

D. Quelles sont les marques caractéristiques du Gouvernement Républicain proprement dit ?

R. Il serait bien difficile de les énumérer toutes et de les définir assez nettement pour qu'il fût aisé de les apprécier sans confusion : car de tous les Gouvernements dits *Républicains* il ne s'en est pas encore présenté deux qui n'offrissent des différences extraordinaires, sous le rapport de leurs principes, de leur organisation, de leurs effets.....

A Rome ancienne, l'autorité était partagée entre le Sénat,

les consuls, les tribuns du peuple, le peuple lui-même...
quelquefois le pouvoir exécutif était confié à des *tribuns
militaires*, à un *dictateur*...

A Sparte, la République était administrée par un Sénat,
deux rois qui commandaient alternativement l'armée, et des
magistrats appelés *éphores*...

La plus célèbre République moderne, celle des Vénitiens, était gouvernée par un *Doge*, sorte de président à
vie, un conseil *des Dix*, un Sénat... le peuple n'avait aucune
part au gouvernement de cet Etat.

Les Polonais, avant le partage de leur monarchie, don-
naient au gouvernement de leur pays le nom de République,
quoique le chef de l'Etat prît le titre de *roi*; il est vrai que
la couronne était élective ; le peuple était serf... la noblesse
était tout...

D'où il suit que dans un Gouvernement Républicain on
peut rencontrer du Monarchique, de l'Aristocratique, du
Démocratique, de l'Oligarchique...

D. Quelle serait toutefois la définition qui caractériserait
le mieux cette espèce de Gouvernement?

R. Ce serait approchant celle-ci :

Le Gouvernement est dit Républicain, toutes les fois que
le pouvoir exécutif est conféré à vie ou pour un temps limité à un ou plusieurs individus, soit par une assemblée
qui tient ses pouvoirs directement du peuple, ou bien par
un corps héréditaire de noblesse... Ainsi le gouvernement pontifical de Rome moderne est une véritable République, puisque le pouvoir exécutif est conféré à vie au
pape par le *Collége* des cardinaux.

Aux Etats-Unis d'Amérique, le président n'exerce le
pouvoir suprême que pendant 4 ans.

D. Quel serait, selon vous, celui des Gouvernements Républicains qu'on pourrait considérer comme le plus sagement organisé ?

R. Celui qui se rapprocherait le plus de celui dit *Représentatif* et qui n'en différerait :

1° Qu'en ce que l'élément aristocratique y serait remplacé par une assemblée dont tous les membres seraient élus par le peuple ou par ses mandataires;

2° Dans lequel le pouvoir exécutif ne serait confié que pour un temps limité à un même citoyen.

D. Quels sont les avantages spéciaux que vous reconnaissez à un tel Gouvernement?

R. 1° Celui de rendre le pouvoir exécutif accessible à tous les citoyens sans exception; de là résulte que chacun se croit en droit de s'arroger un certain degré de fierté et de dignité qu'on ne rencontre pas chez les peuples qui obéissent à un pouvoir exécutif héréditaire ;

De là vient aussi que les nations qui ont adopté le Gouvernement Républicain se donnent les titres de *peuple souverain*, de *peuple roi*.

2° La facilité qu'il a de se réformer, de se corriger toutes les fois qu'il le juge convenable ou nécessaire.

D. Dites en peu de mots en quoi consistent ses défauts.

R. Ils sont nombreux, et comme il est de la nature de ce gouvernement de se prêter à une infinité de combinaisons et de variations, sans cesser de mériter son titre, il en est semblablement des inconvénients qui en découlent; ils sont comme sa constitution susceptibles de varier à l'infini.

D. Pourriez-vous signaler les principaux de ces défauts?

R. Oui, il en est deux surtout qui sont comme les limites, les points extrêmes entre lesquels, s'il est permis de parler ainsi, se classent tous les autres.

D. Veuillez les nommer.

R. Le despotisme et l'anarchie.

D. A quoi reconnaissez-vous qu'un Gouvernement Républicain est despotique?

R. 1° Quand l'élément aristocratique est héréditaire et qu'à lui seul appartient la nomination du pouvoir exécutif, et lorsqu'enfin le peuple proprement dit ne prend part à aucune élection, et n'a droit qu'à l'exercice de fonctions et d'emplois subalternes :

Tels étaient les Gouvernements de Pologne, de Venise, et d'autres Républiques Italiennes, et même de quelques parties de la Suisse avant la grande Révolution Française.

2° Le Gouvernement Républicain est encore despotique, toutes les fois que l'élément populaire ou l'*Ochlocratie* domine tous les autres. On en vit des exemples chez les peuples de l'ancienne Grèce ; celui des Etats-Unis d'Amérique est passablement entaché de ce vice.

Pour finir en deux mots, il y a Despotisme Républicain, chaque fois qu'un des éléments qui le composent, quel qu'il soit, domine tous les autres.

D. Peut-il se faire que cet élément dominateur se rencontre dans le pouvoir exécutif?

R. Non : car si cela arrivait le Gouvernement cesserait d'être Républicain et deviendrait Despotique, ou Monarchique absolu pur, et alors le pouvoir exécutif serait déclaré usurpateur ; tel événement se passa à Athènes, quand Pisistrate s'arrogea, par la ruse et par la force, le droit de gouverner l'Etat suivant sa volonté et comme il l'entendrait.

Pareille chose se vit en France lorsque le général Bonaparte prit les rênes de l'Etat, sous le nom de *Premier Consul*; dès ce moment le mot de *République Française* ne fut plus qu'une dénomination dérisoire, ridicule...

D. À quoi reconnaissez-vous que ce Gouvernement peut être sujet à l'anarchie?

R. Toutes les fois que les deux pouvoirs Aristocratique et Démocratique ou Populaire, se balancent avec des forces à peu près égales; c'est ce qui arrivait souvent dans l'ancienne Rome où le Sénat avait grand peine à retenir l'autorité que les tribuns du peuple lui disputaient sans cesse avec acharnement. Ces luttes amenèrent les guerres civiles et les affreuses proscriptions de Marius, Sylla, Pompée et César, Octave et Antoine...

Sous Auguste le gouvernement devint Monarchique et Despotique absolu.

L'anarchie causa la ruine des Républiques de l'ancienne Grèce et de la plupart de celles de l'Italie, au moyen-âge.

De nos jours les Etats de la Suisse et les Gouvernements Populaires de la partie sud du continent Américain, ont tout à redouter de l'anarchie, c'est pour eux une maladie endémique, incurable, qui les menace sans cesse d'une dissolution prochaine.

D. Le Gouvernement Républicain est-il favorable aux sciences et aux arts ?

R. Oui et non.—Ce Gouvernement n'est point favorable aux lettres et aux arts d'agrément, tant que l'élément aristocratique lutte, avec peine, contre les empiétements de la démocratie. Car alors le repos public, pouvant être gravement compromis d'un moment à l'autre, les citoyens y sont dans une perpétuelle effervescence, qui les empêche de se livrer à des jouissances qui demandent de la sécu-

.rité et un certain degré d'aisance ; or, les Gouvernements tumultueux permettent rarement à ceux qui les subissent d'amasser de grandes richesses, et encore moins d'en goûter les agréments, sans crainte de les perdre ou d'exciter des inimitiés jalouses parmi leurs voisins.

Oui, le Gouvernement Républicain s'est signalé quelquefois comme protecteur éclairé des sciences et des arts ; mais cela s'est vu quand l'ordre de l'aristocratie a dominé les autres classes, ou que par la guerre, le commerce, des usurpations sur les droits de leurs concitoyens. .. il s'est acquis de grandes richesses ; on en vit des exemples à Rome, après la conquête de l'Afrique, de la Grèce et de l'Asie, et plus tard à Venise dans le moyen-âge.

D. Pourquoi ce Gouvernement est-il moins du goût des nations que celui de la Monarchie absolue ou tempérée ?

R. Par la raison qu'il a besoin, pour se soutenir, que les citoyens qui s'y soumettent soient en lutte perpétuelle les uns contre les autres, ou bien qu'on les occupe à la guerre contre leurs voisins, soit pour défendre le territoire, ou comme agresseurs ; tel fut l'Etat de Rome jusqu'à la bataille d'Actium. .. Sitôt que les dissensions intestines cessent il n'y a plus de République proprement dite.

C'est-à-dire que les vrais Républicains sont des hommes d'action par excellence ; or, nous sommes naturellement portés à faire, sans regret, le sacrifice d'une certaine portion de liberté en échange de la sécurité et du repos que nous pouvons attendre d'un Gouvernement Monarchique ou Despotique quelconque, qui veut bien se charger de la gestion de nos affaires ; de là vient donc que les Monarchies ont en tout temps compté plus de sujets que les Républiques de citoyens.

D. La durée des Gouvernements Républicains est-elle plus longue ou plus courte que celle des Monarchies ?

R. Elle est généralement plus courte, l'histoire n'offre pas d'exemple de Gouvernement Républicain qui ait prospéré au-delà de cinq ou six cents ans, sans offrir des signes évidents de décadence; tandis qu'on a vu et qu'il existe encore des Monarchies, dont les annales comptent quinze siècles et plus d'antiquité, sans avoir rien perdu de leur puissance et de leur grandeur; bien au contraire, les Monarchies qui, de nos jours, se partagent l'Europe, dont quelques-unes, comme celle de France, datent des premiers siècles de l'ère vulgaire, vont toujours croissant en richesse et en force.

Toutes les Républiques de l'Europe moderne, à l'exception des cantons Suisses, se sont transformées en Etats Monarchiques, ou bien elles sont devenues, comme celles de Venise, de Gênes, provinces d'un empire voisin.

D. De ce qui précède suit la conséquence, que les Républiques sont inférieures aux Monarchies pour la durée, l'ordre qui règne dans leur intérieur... mais n'ont-elles pas des avantages, des qualités, des vertus, qui leur sont propres et qui compensent ces divers inconvénients.

R. Oui sans doute : l'histoire nous apprend que les citoyens des Républiques bien organisées de l'antiquité, comme étaient celles de Rome, de Sparte et d'Athènes, étaient sobres, désintéressés, fiers, courageux, toujours prêts à sacrifier leurs biens et leur vie au bien et au salut de la patrie.

D. Le Gouvernement Républicain est-il favorable aux arts utiles, à l'industrie, au commerce?

R. Autant et même plus que les Monarchies les mieux administrées : au moyen-âge tout le commerce des Indes-Orientales avec l'Europe, se faisait par l'entremise des sujets des Républiques Italiennes, telles que Venise, Gênes... Dans le dix-huitième siècle, la petite République Hollandaise était le coin le plus riche de l'univers; et de nos jours, les Américains du Nord, dont le Gouvernement Républicain n a pas encore un siècle de durée, se placent comme industriels, comme négociants, comme navigateurs, à côté des peuples les plus florissants de l'Europe.

D. Quelle est votre opinion sur les destinées de cette jeune République du nord de l'Amérique?

R. Si je ne me trompe, cet Etat sera un jour le premier de son espèce qui n'aura rien à envier aux Gouvernements Représentatifs les plus heureusement constitués.

D. Que lui manque-t-il pour atteindre à ce haut degré de perfection?

R. De proscrire l'esclavage dans les Etats du Sud; de donner plus de force à l'action de la police; d'augmenter l'influence du Sénat et de la Chambre des Représentants; et surtout d'armer les magistrats de bonnes lois contre l'insubordination et les désordres de l'Ochlocratie; afin que des violences, des injustices et jusqu'à des assassinats, ne restent pas impunis, à la honte de la nation et de son Gouvernement. L'indifférence pour les maux de ceux qui souffrent, un amour insatiable du gain, le peu de cas qu'ils font des hommes qui se distinguent dans les sciences supérieures, leur dédain pour les beaux-arts, tels que la poésie, la peinture, la sculpture, et le peu d'estime qu'ils professent à l'égard de ceux qui en font leur principale occupation... sont des vices et des défauts qui nuisent à la réputation des Républicains des *Etats-Unis d'Amérique;* ajoutons que les Colons des Etats du Sud traitent leurs esclaves avec un raffinement de barbarie à peine croyable. Des réglements sévères défendent à qui que ce soit de leur enseigner la lecture et l'écriture, dans le but odieux et criminel de les tenir dans un état perpétuel d'infériorité et d'abrutissement; qui plus est, on trouve dans ces mêmes Etats du Sud, des spéculateurs qui élèvent, vendent et achètent des nègres, en trafiquent, comme on fait ailleurs le commerce de bestiaux; mais il faut dire aussi que cette conduite, indigne d'hommes civilisés et de chrétiens, ne saurait durer longtemps encore; les Républicains des Etats du Nord travaillent avec zèle et persévérance pour amener leurs compatriotes à la faire cesser.

D. Sur quoi vous fondez-vous lorsque vous donnez à entendre que les Etats-Unis de l'Amérique du Nord offriront un jour le spectacle d'un Gouvernement Républicain aussi parfait qu'il soit possible de le souhaiter, et de beaucoup supérieur à tous ceux de cette espèce qui ont figuré plus ou moins heureusement sur la scène du monde ?

R. Je suis autorisé à croire qu'il en sera ainsi de cette confédération, par certaines vertus que je remarque dans ses habitants.

D'abord les Américains se distinguent par la très grande vénération qu'ils portent aux croyances religieuses, et tout en tolérant les divers cultes qui sont professés par les peuples civilisés des temps modernes, ils ne souffrent point qu'un citoyen soit assez osé pour affecter de vivre ostensiblement sans religion... Or, tous les peuples vraiment Républicains se sont montrés scrupuleux observateurs des pratiques de leur culte, et il est digne de remarque qu'ils se sont relâchés de leurs vertus civiques sitôt que l'impiété à fait irruption dans leur cité.

Les Américains, en outre, aiment le travail; ils font la guerre à outrance aux mauvaises mœurs, au libertinage, et tout individu valide et bien portant, qui vit parmi eux dans l'oisiveté, même du fruit de ses revenus, y est vu avec défaveur et de mauvais œil.

Le respect pour la chasteté et l'honneur des personnes du sexe est si grand, dans ce pays, qu'une jeune fille peut y faire des voyages de plusieurs centaines de lieues sans crainte d'être insultée par qui que ce soit.